JN410104

그대 머문 그곳에

하 영 갑 시집

교음사

서(序)

기다리는 여유와 덕을 쌓기 위한 노력으로
수백 번의 계절을 맞고 보내며
옳은 봄과 가을을 기다렸습니다.

한적한 강가 빈틈없이 켜켜이 짜여 있는
자갈 사이에 돋은 수초에게 물었습니다.
"누가 너에게 거기 살라" 했냐고
"무슨 힘으로 그 사이에 뿌리를 내렸냐?"고
"강물 가득 든 날 물고기가 부비고 들어도
아프지 않더냐?"고.
묻고 물어도 대답해 주지 않았습니다.

그래서 누가 나에게
"그대는 지금껏 어떻게 살아 왔냐?"고 물으면
대답하지 못합니다.
아니 대답하지 않으렵니다.
"왜냐고요?"
지금까지 저도 모르고 살아왔기 때문입니다.

그래도 언젠가 웃으며 찾아올지 모르는
진정한 봄과 가을을 만나기 위해
글 방 문은 늘 열어 둡니다.
따뜻한 봄, 실하게 영근 가을이
향긋한 향기 뿌리며 찾아들 그날을 위하여.

창작기금에 애써 주신 이민호 선생님, 좋은 책 발간해 주신 교음사 강병욱 대표님께 감사드립니다.

2020년 7월

하영갑

1. 기다림

2. 비눗방울

3. 그대 머문 그곳에

4. 서서 보고 가렴아

5. 지금 거기 어디요?

6. 달달 볶은 달

1

기다림

그리다 지치면

느낌 좋아 그린 사랑
보고 싶어 그린 사랑
함께하면 좋을 것 같아
빨갛게 그린 사랑

오늘도 구름처럼 흘러만 가는구나
그러다 비 되듯이
그리다 지치면
먹으로 까맣게 칠하고 말지

일출

해는 어둠의 끝에서 뜬다
바다 끝 수평선에서 뜨는 순간 앞이 가려도
지우지 않고 그림자까지 안고 뜬다
땅끝 지평선에서 산에서
마을 입구 고목나무 끝에서
지붕 위에서 떠오르기도 하지만
무겁고 참혹한 마음 끄트머리에서도 뜬다

어쩌면 내 머리끝에서
내 아랫도리에서 뜰 때도 있었으니
그 영광된 순간을 누가 볼꼬?
그는 과연 누구일꼬?
이를 보고 모두 해가 나온다 하네
그래서 나는 너를 믿고 사는구나
네가 곧 해이기에

뒤적이고 찾아보니

생각 속의 사진을 꺼내어 물어본다
“그동안 어찌 지냈냐?”고
“왜 그렇게 소식을 끊고 사냐?”고
“지금 만날 수 있냐?”고
만나 준다면 크게 사과할 요량이다

스마트폰을 헤집어 본다
누가 저장되어 있는지
불필요한 번호는 없애 보려 하지만
혹시?라는 의문에
“누구세요?”라고 실수하기 싫어서

앨범을 넘겨본다
긴 세월 속 함께했던 사람들
간 사람은 저세상이 어떤지
살아 있는 이는 어찌 살고 있는지
도려내고 싶은 사람도 있지만 내가 있기에

그래!
나를 알아보는 사람
나의 안부를 궁금해하는 사람

나와 함께하고 싶은 사람
늙어 가니 한겨울 빈 마당이구나!

재촉 마라

밥 안 먹고 뭐하고 있냐?
아직도 먹고 있냐?
같이 먹는 이 처지에 늦게 먹는다 재촉 마라
배고픈 이 어찌하여 빨리 먹지 않겠느냐

세월의 큰 그릇에 시간과 날 달을
지성으로 까고 까서 생긴 대로 벗겨 놓고
입맛이 없거나 반찬이 없을 수도
일 걱정 살 걱정 또한 크기 때문이리라

마른 손에 든 님

나를 잊었는지 버렸는지
카톡 소리 멀어졌네

꿈에 받은 만날 날
바바리코트 호주머니 속

말라 버린 눈물 잔과
한숨 쉬는 소주병

둘이 양손 안에 잡힌다
비 오는 오늘 또 얼마나 다툴까

보고 싶어라

해넘이 따라 오른 언덕 위의 그림자

달빛 따라 걷고 걸어 어렴풋이 찾은 소리

샛별이 흘린 눈물 이슬로 맺혔구나

빈 시간 하염없는 그리움 참지 못해

오늘도 차가운 밤 찢어 씹고 있네

끊어도 이어지는데

얼마나 큰 사랑을 기대했기에
그토록 잔인했나요
얼마나 깊은 사랑이었기에 많은 새벽 별들을 두고
그토록 무거운 자물쇠를 채웠나요
얼마나 짙은 안개가 밀려왔기에 거기에 섰었나요

하늘이면 같은 하늘이라고
땅은 땅이지 개울물이 아니었는데
터 땅은 그저 받아들이고 하늘은 그대를 믿고 지켜볼 뿐
인간 세상의 희로애락을 가려 주지 않는다는 것을
아직 몰랐네요
끝이 아니라 누군가에게 또 다른 눈물의 파도가 인다는 것을

그래요, 깊고 큰 사랑의 부름을 뿌리치지 못해 지우려고
선택한 길
이 세상의 추억으로 만들진 말아요
무겁고 아팠던 어제까지의 사랑
그대의 윤기 나는 긴 머리카락에 감추었으리라 믿어요
부디 그 길에 새로운 향기 피어나는 외롭지 않은 꽃 피우
기를 소원합니다

– 어느 어린이집 원장(제자)의 죽음에 부쳐

내 마음 지금은

덜컹거리는 빈 마음이지만 촉촉이 젖고 젖어
초가집 이엉처럼 겹겹이 덮여 있다
온기 쌓인 초가 이엉 들기가 무섭구나

매미 날개 사이 샛바람 불어 들어
맑은 하늘 보기 전에 먹구름 날아들고
소나기 퍼부어 널어놓은 빨래 곡식
빨랫줄 밑 멍석 넘어 패대기쳐져 있다

이 사정 어찌 알아 수많은 전화들
순서 없이 몰려와
줄 테니 쓰라고 있으면 달라고
때도 시도 가림 없이 원 없이 안부한다

무거운 이 마음 알릴 데 하나 없어
드러낸 마음 오래지만
밤 쥐 무서워 닫고 잠가두고 있다
오늘도 쥐 잡으려 본드 몇 장 사려 한다

닿아가는 거기

어렴풋한 삶에 눈 뜨는 순간부터
닿고 싶은 그곳을 찾기 위해 부단히도 뛰었다

살아가면서 그곳까지 닿고 싶어
마음 쏟고 몸 쓰며 뜨거운 정 주었다

거기 그 마음에 닿기 위해 끝없는
짝사랑도 해 보지 않았던가

긴 세월 그곳에 남기기 위해
하나 남은 미끼도 던져 보았지

이제 와 생각하면 그 모두가
부질없는 꿈속의 몸부림이었던 것을

기다림 · 1

찬 기운 도는 오후 바람의 댕기머리
달그락거린다
아내가 붙잡은 작은 소 쌀밥
분홍 수술꽃* 핀에 끼워 달고파
눈 없는 괭이 앞을 그렇게도 막아섰네요

늦은 봄 추녀 끝에 흠뻑 내린 꽃송이
연분홍 바람결에 벌 나비 부르고
기다리던 님 앞에 날아든 쇠딱따구리
하얀 기와 골 진 나래 접고 딱딱딱
그리도 기다린 님 숨어들어 가보렴

*수술 꽃: 자귀나무꽃

기다림 · 2

날 추우면 시려오는 얇은 이 가슴
남은 잎 떨어질까 저리는 마음
한가위 하루 전날 해 저물게 지켜보고
섣달그믐날도 애타게 기다리는
어리석은 부모임을 정작 모른 채
지나가는 취객마저 내 자식이랴
수십 번 드나드는 그 마음 어찌 알까
대문 밖에 둔 눈에 흙 들까 두려운 마음
바람도 아는지 마을 밖을 내다본다

잃어버린 정(情)

하늘에서 떨어진 기암괴석* 앞에서

철모 쓴 총알받이 눈물 훔쳤고

폭설 쏟아진 날 빡빡머리 신랑 되어

단발머리 처녀 가슴 움켜쥐고는

코뚜레 꿰인 송아지 되어

나는 날 기약 없는 구름문*(雲門)에 들었네

*기암괴석: 어머니 병환으로 군 생활 중에 결혼을 해야 한다는 아버지의 엄정한 명령

*구름문: 운문마을 이름

스쳐 지난 그 소리가

바람 소리 사잇소리 거슬리는 군소리
사각 이는 나뭇잎 진홍빛 울고 가고
머리밑 가슴속 맺고 맺힌 깊은 추억
지나간 메아리에 눈물 삼키네

제 잘난 꼴 내 세우려 토해 짖는 그 소리가
순진한 가슴 가슴 대못 박아 울리고
나무 끝에 올려놓고 흔드는 광대
분노 어린 목소리에 피멍들까 두렵네

그날

참 추웠다네
가마솥에서는 물이 끓고 있었고
용암*은 솟아 흘러 그칠 줄 몰라
지킴이 외할머니 안절부절했다네

산 너머 용한 의사 있으니 왕진 오라 한들
아녀자의 몸을
외간남자에게 보여 줄 수 없다며
열 달짜리 아이와 함께 갔다니

어리석었던 그날이 지금부터 62년 전
섣달 초아흐레 날이라
천지도 몰랐던
세 살 아이가 맑고 맑은 할아비 되었네

*용암: 하혈
- 2019. 1. 14(음 12. 9)

임이여!

아니?
궂은 오늘
맘 정해 오신 겁니까?
지나치는 걸음입니까?

가슴 떨려
숨 쉴 수 없고 눈이 없어
마주치지 못하니
이를 어찌해야 합니까?

부디
오늘 하루라도 좋으니
무거운 이 가슴 삭혀 주고 가세요
해 뜨는 날에는 보내 드리리다

바람 분 오후

네 바람 나 스치고
내 바람 잠시 너를 훑어간 후
떨어지는 얼음 폭탄 막을 길 없었네

누추한 초가집에 회오리 일어나니
매미 사냥에 성공한 거미가 웃고
썩은 새 밑 굼벵이가 제비를 조롱하네

아하~!
그렇구나
아직 가을이 지나지는 않았구나

- 환갑 넘긴 초로의 독백

마음 한쪽 떠주렴

제 갈 길 바쁘다고
물병 들기 귀찮다며
언짢아하지 말자

멀고 먼 길 걷고 걷다
목마를 때 물 만나면
체면 접고 눈 감고
엎드려야 하거든

그때는 비로소
비단옷 버리니
스치는 샛바람에
마음 한쪽 떠주렴

비눗방울

가슴앓이

허풍 따라 든 소리 곧이들은 그 말

가슴에 씨앗 되어 속절없이 날아들어

어레미 없는 마음 이랑에 심었다가

떡잎도 못 본 채 묻히고 말았으니

진달래 만발한 맑은 봄 나절

민들레 홀씨 따라 부질없이 날고 있는

벌새 신세 되었구나

Shutdown

바로 볼 줄 모르고 바로 듣지 못하여
헛것과 다투다가 석양 길 들어설 때
눈 귀 무거워 선글라스 보청기
벗고 빼고 듣고 보니 이리도 조용하네

이제 하늘이 보이고 바다가 보이며
내가 보이니
언 가슴 녹고 녹아 제대로 살만하네
듣고 보기 싫은 날들 닫고 살면 편한 것을

가리고 묻어 봐야

가린다고 안 보이냐
꿰맨다고 안 터지냐
가둔다고 갇혀 있냐
있을 것은 거기 있고
또 생기기 마련이니
있는 듯 없는 듯 웃음 주며 살아가렴

묻는다고 없어지냐 엎는다고 숨 안 쉬나
억지로 지운 상처 마음에 바늘 솟고
입맛마저 도망가니 그 몸이 성할 손가
민들레와 질경이가 헐뜯고 싸우더냐?
비좁고 좁은 공간 꽃피우고 열매 맺네
물길 열어 난 생명 제길 찾아 가려무나

구름으로 가린 해가 올라가니 위에 있고
못 보게 꿰맨 옷 벗으니 다 보이고
가둔 이 못 나온다 걱정 잊고 살았지만
집 주인 바뀌니 소리치며 나오고
묻어서 없앴는데 파헤치니 거기 있어
비 온 뒤 굳어지고 눈 온 뒷날 기대하게

지나간 이 돌아오고 눈 맞은 이 돌아보아
마음 깎아 지웠건만 제명대로 못 살더라
바랭이와 잔디 씨가 뿌려서만 나더냐?
바람 타고 이슬 먹고 먼지 속에 뿌리내려
꽃 올리고 열매 다는
그 마음 걸고 달아 걷는 대로 걸어가세

저놈의 때를

햇빛 좋고 살랑살랑 바람 부는 날
비좁고 무거운 세탁기 속에서
하룻밤 새어서라도 빨고 싶은 마음이네

참 희한한 세상
소나기 물에 쌀겨 비누만으로도
깨끗이 씻길 더러운 때
이제는 세탁기에 강력한 세제 넣어
빨고 빨아도 남는 때가 있으니

쫓고 쫓기고 낚고 낚이며 물어뜯고 헐뜯는
동물의 세계보다 더 못한 인간 세상
드럼세탁기 안에 빨랫방망이 맷돌까지 넣어서
돌려야 할까 보다

지식과 도덕이 오물 되어 버려지고
꽉 찬 머리부터 매연과 미세먼지로 더럽혀진
온 몸뚱이
이 더러운 세상을 통째로 씻으려면
백두산 마그마로 태워내야 할지

위장(僞裝)

얼굴 몸매 자신 없다 생각하는 임들이여!
그대의 고운 마음 누가 훔쳐가리오

바른길 갈 줄 몰라
사기 행태 저지르는 못난 숨들이여!
추잡한 작태들 차라리 보이지 않는
땅속 두더지가 되어보렴

생김새 차이를 귀천으로 모는 것은
서로 다른 생각일 뿐
결국은 들어날 흉허물 가려야 할
이유는 무엇인고?
이 모두를 영악한 아이들이
훔쳐볼까 두렵구나

꽃무지개

명자꽃 치마 끝에
벚꽃 입술 떨어지니
복사꽃 눈썹 끝 초승달 피고
뒤이어 뽀얀 배꽃 소리 없이 미소 짓네

이슬 깬 튤립 검은 눈곱 세울 제
연붉은 박태기 기지개 펴고
그가 새긴 천연의 색
산 넘고 강 건너 깊은 골 밟고 서서
얇디 얇은 꽃무지개 감질나게 자랑하네

구멍 낸 청바지

멀쩡한 바지
갈고 문질러 낸 구멍
그 사이로 드는 바람
간담을 흔들더냐

여린 마음 돋보이고 싶거든
차라기 긴 바지 잘라
반바지로 입으면
가려졌던 본 모습 제대로 보이지

성형(成形)

첫눈에 들겠다고 원판 바꾼 그 마음
오늘도 지키려니 얼마나 힘드나요
해일 따라 멋모르고 뛰어오른 고기처럼
너무도 안타깝고 가슴 메어 드는 구려

엄동설한 오기 전에
무거운 그 마음 백로에게 고백하소
잘난 얼굴 정해진 틀 어디 가도 없거늘
잠깐 잘난 그 얼굴 예쁜 마음 좇으리오

처음은 웃어도 나중은 한숨질 것
장애 아니라면 본 모습 지키소서
내가 가진 유전자는 선조의 보물이며
곱디고운 장미꽃도 가시 붙여 피지 않소?

나쁜 생각

아지랑이 뒷자락 바위 밑에 핀 꽃
지나가는 행인 없어 뵈어 줄 이 없다가
짝짓던 산토끼가 뜯고 밟아 죽였다면

집 마당에 날아든 허기진 멧비둘기
기쁜 마음 주체 못해 날개 끝 가위로 잘라
다리 묶어 집안에 키운다면

책상 위에 밥상 얹어 사랑 노래 강요하는
깔 좋은 고양이* 앞
약 먹은 쥐 산 채로 던져 주었다면

부에 허덕이며 마의 탈 둘러쓴 미친 춤꾼
달러 가득 채워진 돈 자루 짊어지운 채
연탄가스 집어넣고 문 잠그고 나온다면

시 때 모르고 시끄럽게 나불대는
무지한 저 입들
낚싯줄 바늘에 끼어 기워놓고 본다면

정말 나쁜 생각일까?

*고양이: 사치 광

비눗방울

바람기에 들린 소리 허깨비 농담 소리

잠결에 든 귀한 님 방 못 찾아든 손님

순정 어린 그 님은 비 내리는 흑백영화

나긋나긋 그 몸짓도 미치광이 술 취한 짓

억만장자 될 거라던 그 미남 사기꾼 놈

깨어 보니 이 모두가 비눗방울 속이었네

다쳤구나

큰비에 잠겼더냐 모진 바람 맞았나
된서리 내렸더냐 폭설에 갇히었나
그것이 아니라면 헛디딘 발이었나
억울하게 맞았나 불이라도 났더냐?

그것도 아니라면 굳게 믿은 그에게
마음 크게 찢기어서 미쳐 나가겠더냐
숨과 함께 사라질 하고 많은 문제들
다 쫓으려 생각 말고 마음 맞춰 사려무나

이것저것 생각 말고 네 몸 하나 잘 다스려
다가올 겨울 문에 문풍지 붙여 달고
가마솥에 고구마 푸짐하게 안쳐 놓고
바짝 마른 장작으로 불 깊이 피워 보렴

올챙이배

작은 움직임 여러 난제(難題) 속
제집처럼 찾아 든 물벼룩이* 배 채웠구나

얼마나 많고 큰 걱정들이 물벼룩으로 변했나
딱정벌레가 내시경 되어 막창자까지 찍고 갔네

크고 작은 난전에서 생선 가시 세우더니
이내 만삭되어 숨까지 가쁘구나

잃은 후 후회 말고 이제라도
네 본 모습 다시 찾아 웃으며 사렴아

긴 나날 아픈 배 안고 뒹굴다가 새운 날
오늘 또 가난한 밥상 앞에 어제같이 앉아 있네

*물벼룩: 스트레스

제발

자연을 닮아라
아침 안개 이슬 서리 다 둘러 맞아도
눈 비비며 깨어나고
곳곳에 고통의 주름 있을지라도
순리라 생각하며
그에 순응하는 큰마음에 고개 숙이는
자연을 닮아보렴

밀려오는 파도를 원망치 마라
연이은 물결이 활력인 것을
떠나가는 파도라 안심하지 말고
조용히 품속으로 놀이나 가보렴
그 힘에 빠져들고 즐길 수 있을 터
늘 바깥에서 기다리고 지켜보며 서 있는
바위나 절벽처럼

변명(辨明)

너무 번잡스럽고 어려웠던 일
잘못 만난 인연이었다고
그리 쉽게 무너질 줄 몰랐다고
갑자기 길이 좁아졌다고
목에 핏대 올린다

모자람이 화를 불렀던가
부족한 지식이 일을 그르쳤던가
여유롭지 못함이 장미꽃이었던가
물어 시작하고 들어 익힘이
실수 이후의 변명보다는 더 나았을 것을

거기에 살고 싶냐?

두르고 둘러봐도
네 얼굴에
손 가릴 일 없어
거기가 네 설 곳이라 생각커든
눈서리 피치 말고 거기 자리 잡아보렴

숨 쉬고 사는 이는 제자리가 있으며
철(季節)을 살고 때(時)에 사는 이는 세대를 잇기에
발붙일 자리가 그 자리라 믿거든
맨발이라 피치 말고 그곳에 살아보렴
옮긴 발 얼고 얼어 동상(凍傷) 오기 전에

내 가슴에 걸린 파르초(parcho)

언제부터인가
남모르게 걸린 깃발들
잔바람 타고 건너온 노란 깃발
비바람이 몰고 온 붉은 깃발
깡마른 모래언덕 위에
널브러져 핀 푸른색 깃발
크고 긴 바람과 소원으로
달과 해 새우며 기약 없이 펄럭이네

3

그대 머문 그곳에

누가 누구였는지?

가는 길 어딘지
앞만 보고 걷던 사람

온밤을 스치고
새벽을 삼킨 사람

한적한 강둑 외로이 거닐며
뙤약볕 내리는 산길 걷던 사람

실개천 여울물에 비친 얼굴들
지금 생각하니

이름도 얼굴도 알 듯 말 듯
누가 누구였는지 참 보고 싶습니다

그곳에 살고 싶다

불안 거짓 자갈밭에 무엇이 발 내리리
삭막한 이 땅 보담 가난해도 좋으니
욕심 없고 정 많은 곳 찾고 찾아가리라

시기 질투 불신 속에 깊은 잠 몰라
더 이상 살기 싫어 미련 없이 떠나련다
욕심 없는 그곳으로 정 많은 거기로

엄동설한 짧은 해에 어둠 내리면
장작불 듬뿍 피워 따뜻하게 살고파라
말 많고 탈 많은 곳 살기 싫어 떠나련다

뭍방개

색동 빛 유난히 반짝거리는 방개 떼가
꼬물꼬물 비탈을 기어오르다 지친 날개 고이 접고
층층의 양지 마당 소리 죽여 모여든다

무슨 연유의 고(苦)를 풀지 못하고 다들 여기 모였는고
어미 아비가 진 빚 갚으러 오는 이
철부지 허튼짓하여 난고에 시달리는 이

제 단속 잘못해 저지른 문제의 회오리에 감겨
가슴에 박힌 못으로 몸과 마음의 절름발이가 된 어리석은 이
뭍방개에서 내리는 사람 사람 세월의 해 날들에 얽히고
읽혀 있다

오미자에 빠진 얼음 한 조각이 제 자랑하는 날씨
모란꽃 진 뒤 또렷이 맺힌 씨앗
산골 주인 되어 물결 타고 햇살 받아 익고 익어가는구나

몇 가지 나물에 밥 한술 얹힌 성찬
방곡마을 선림 양지 두터운 햇살이 바람 맞아 시든 꽃잎
물 올려 살리고 기진(氣盡)한 고향 촌로(村老) 잠시라도 위
로 한다

백두산 야생화

내 눈에 꽂힌 너 피하지 않으니
가슴 깊이 그린 얼굴 놓치지 않으려
긴 목덜미 부여잡고
한 세기 묵힌 애절한 그리움
숨가쁜 코끝으로 향기 말아 훔친다

그대 머문 그곳에·1

그대 머문 그곳
올해도 산수유는 피었습니다
흩날리는 가랑비 사이
님의 얼굴 스칩니다

그대 머문 그곳에
떨켜* 간질여 단풍 춤추게 하고
된서리 첫눈 온 날
비단 잠옷 입혀 놓고

모진 세월 가시밭길 서글픈 흔적
백발 사이마다 장미꽃 오일 발라
주름결 골골이 추억 뿌려 새기고는
들고 나는 숨소리에 잠들고 싶습니다

*떨켜: 낙엽이 질 무렵 잎자루와 가지가 붙은 곳에
생기는 특수한 세포층

그대 머문 그곳에 · 2

그대 머문 그곳에
오늘도 바람이 붑니다
그 바람 속에는 그대의 미소가 휘감아 듭니다

그대 머문 그곳에
그대의 향기가 돌고 있습니다
숱한 그리움 속 그대 향기 말입니다

그대 머문 그곳에
말 못할 미움도 남아 있습니다
그대의 진정한 뜻이 전해지지 못했기에

그대 머문 그곳에
아직도 아카시꽃은 피고 있습니다
진한 그 향기 그대 향기 닮았기에
오늘도 그대 머문 그곳에 머물러 있답니다

빈털터리

기를 쓰고 챙겨 나간다
할 일과 할 짓을 머릿속에 뇌이고
듣는 말 보는 것에 신중을 기하며
함께 사는 모두에게 정을 심는다

들고 진 짐에도 든 것들은 있지만
주인이 같잖은지 말을 듣지 않는다
심지어 지갑 속에 든 것들도
모두 그렇다

더욱 아닌 것은 내 속에 든 마음도
말 잘 듣던 이 몸도 내 것이 아니니
무엇하러 일하며 누굴 믿고 사는지
알 수 없는 빈털터리 아리랑이구나

감추고 감춘 사랑

선택하지 않은 날
보이지 않는 님 임에도
지그시 감긴 듯한 실눈 끝에 걸려들어
감추고 감추어도 솟아 피는 꽃

보는데 준 적 없는 야릇한 마음
시 때 불문하고 파도 되어 넘쳐드네
일렁이는 숨 들이쉴까 내쉴까
고요한 이 밤 끊임없이 콩닥이네

단풍 길

찬바람 붉은 물 거침없이 쏟아진 산
노란 갓에 붉은 도포 길게 걸친 산 도령
계곡 길 산길 따라 단풍 물들여 놓고
일 잘하는 아낙들 본정신 훔쳐내어
꽃 지갑에 몸 실어 연일 불러들인다

- 2018. 10. 31(음. 9. 23) 어머니 생신날

야천(野泉)

잎새 끝 맺힌 이슬 미물(微物)의 생명수요
바위 끝에 걸린 빗물 초목의 핏줄이며
땅속에서 솟은 물 만물의 숨결이라
이 물 모인 그 자리가 생명의 발원지
이곳이 마르지 않는 샘 야천이 아니던가

하늘 안은 작은 샘
천연의 희망이 용트림하고
미식동인(微植動人)이 갈망하는
삶의 원천인 야천(野泉)!
귀천불문(貴賤不問)의 숨(命)들이
자유롭게 들리고 지나며
기고 헤고 빨고 마신다

이 거룩한 대업(大業)을
해 달 구름 이고 온몸에 새긴 채
많고 많은 비웃음과 핀잔조차 덮어 두고
양손 벌려 보듬은 임의 깊고 넓은 품이
온 생명의 희망되어 영원히 빛나도록
그대의 영광된 나날과 안녕을 소원한다

그대에게 줄 것은

자존감에 금 가고 양심에 서리 내릴 때
터지는 가슴에 쏟아지는 폭언들
얼마나 비참하고 얼마나 고독한지

쌀뒤주 별 보고
신용카드 구멍 나서 이자조차 못 낼 처지
누구를 탓하고 누구를 원망하리

주는 것과 받는 것 때 가린 거래인가
그대에게 줄 것을 생각대로 꺼내보니
유형(有形)은 별로 없고 마음만 챙겨 주네

주고받다 가는 인생 있는 것 모두 주어
사는 터에 존중받고 후손에게 존경받는
그런 삶을 살고 싶네

착한 비 내리는 밤

엊그제 내린 비 태풍 따라 들렀으나
반기는 이 없다고 해코지하고 갔나
오늘 밤 내리는 비 고요와 함께 왔네
쪼르륵 뚝뚝 그칠 듯 말 듯
곁에 자는 쌀 공주 숨결 깊이 파고드네

열린 창에 비 들세라 잠 못 이루다
선풍기 바람 피워 다독이는 잠자리
그 사이 스며든 초로의 정적
세월 거슬러 그린 제목 없는 그 그림
만세력 끝 쪽에 고이 간직하리라

밀리고 사라짐은

누가 미는지 밀었는지
왜 미는지도 모른 채
밀려나고 있는 너를 보니
나도 밀리고 있다는 사실을
느끼고 알아야 할 것 같다

이는 당신의 선조들이 밀어 왔고
그렇게도 믿고 사랑했던
어머니 아버지가 밀었으며
지금 만나면 콱 죽여 버리고 싶은
절대 강자 세월!

힘과 능력 때문에 밀리는 것만은
아니었기에 때로는 이름 모를 장소에
물과 불 바람이 쉬고 즐길 수 있는
휴식처를 만들어 맨눈을 조롱하는
균(菌) 충(蟲)들까지 달래고 싶구나

하지만 이것은 한갓 지나가고 밀려가는
바람과 구름의 아쉬운 손짓일 뿐
누구도 막을 수 없는 무거운 자연의 순리라

이를 누가 막고 탓할 수 있으리
자고 나면 또 해는 떠 있을 것을

영천강

모담보* 넘는 물결
잉어 떼 오르고

연화산 봉대산 정기 품은
골 안은 채

온갖 풍상 차돌 깔고
흐르는 강물

영원토록 흘러 흘러
높은 기상(氣像) 전하소서

*모담보: 진주시 금곡면에 있는 수공구조물

불행 밭에 핀 행운

웃는 낯에 숨은 여우 옭아매기 어려우나
겨울 속에 봄도 있고
미움 속에 미소 있어
선불리 평하거나 기피하지 마려무나

누구나 갈망했던 행복 속에 든 작은 삐짐을
불행이라 말한다면
그 불행 속에 행(幸)이 자리하고 있으니
이를 어찌할꼬

행과 불행을 섞어 사는 인생살이
복된 길 멀다고 한탄하지 말며
꽃길만 걷자고 고집하지 말 것을
그 꽃 속에 무서운 독충(毒蟲) 든 줄 누가 아나

맛

네 가지 맛 다 보아도 단맛이 최고라
그 맛보려 잠과 때를 굶어 가며
머리 허리 띠 매고 맨발로 걸어왔네

쓰고 시고 짜고 단맛 번갈아 보고 보니
맛 감마저 잃고 말아
산 맛도 죽은 맛도
살맛도 죽을 맛도 모두 죽고 말았네
누구 어디 산 맛 좀 보여 주구려

궂은 날 핀 꽃

언젠가 기다렸던 그 님이 주고 간 꿈에
푸른 잎 돋았네요
그때 님이 기다렸던 그곳
색 없는 꽃 피었네요
구름 낀 밤 거기에 말입니다

창틈에 스며든 별빛 속
피어난 잎 사이로 꽃이 웃네요
그때 내가 본 그 자리
거기 핀 꽃은 노란 달맞이꽃
구름 걷히니 달빛 업고 낸 입술

날 모르고 기다리던 님
볼 수 있는 오늘이 너무 좋아요

그냥 내버려두렴

자식이 힘들다고 한탄치 말게
아비 없는 세상 되면
그대보다 더 잘사는 어른이 될 걸세

자식 낳아 젖 밥 공부
열성(熱誠) 비벼 먹여보고 시켜 봤으니
깊은 바다 문어보다는 낫지 않소

당신도 지금껏 힘든 세상 살아왔어도
오늘처럼 세끼 밥 먹고 있지 않소
그리 알고 모른 척 지켜만 보소

결국은 제 갈 길 찾아갈 것이니

4

서서 보고 가렴아

스쳐 지난 그림자

한때 무겁고 아파
들른 사람

만난 곳이 어두워
안 보인 사람

허기져 배 채우러
눈을 준 사람

진정 내가 좋아 함께하려
열고 든 사람

그 모두가 스쳐 지난 그림자이기에
오늘도 멍텅구리처럼

'그저 그런 때였구나!' 하고 웃고 지낸다

바위에 핀 꽃

회색빛 그늘에 이슬 맺혔네
별이 흘린 눈물인가
달이 내쉰 한숨이었던가
그대 깊은 마음을 꿰뚫은 몸짓이었던가
가늘고 긴 그리움 내려
작은 꽃 피웠구나

지나가는 소나기 한줄기 붙잡았네
바람의 덕이었나 원래 가려는 길이었나
한 송이 작은 꽃피우기 위해 친 몸부림
옹골찬 씨앗에 날개 달아
봄바람 얄게 태워
살 깊은 옥토마다 뿌리고 뿌려 주렴

소원의 호수

큰 눈과 넓은 가슴뿐인 하늘은
몰아치는 토네이도 속의
작은 흙먼지까지도
말없이 지켜보고 있지만
인간의 어미들은 동전 한 닢 던져놓고
새털같은 소망까지
놓치지 않고 손 모아 빌고 있네

큰 물방울 띄엄띄엄 솟구쳐 올리며
한낮을 만들고 있는 호수
허리춤 물속에서 수많은 사람들의
무겁고 간절한 사명을 띠고 반짝이는
크고 작은 금은전의 갖가지 바람과 소원들을
줄줄이 꿰어 달아
저 높고 푸른 하늘에 고하고 싶어라

바람(希望) 소리

젖은 아침 귓가에 스치는 느낌이 좋아
갔던 길 되돌아 다시 가 보지만
그 느낌 찾을 수 없어 끊임없이
두리번거린다

얕은 물결 스치는 개울가 피라미들의 율동
물끄러미 한쪽 발 담그고 서 있는 배부른 백로
헛걸음 걷고 있는 바보스런 나를 훔쳐보고
눈만 껌벅인다
쯔쯔쯔…

멍 때리고 길 가던 놈 바람이 부르는 소리에
정신이 들었는지
여기 저기 둘러보고 껌벅이는 모습이 가여워
손짓 발짓 휘두르며 또 불러본다

방금 지나간 그 바람 이루게 해 달라고
제발 멀리 가지 말고 돌아와 보라고
한평생 그토록 바라던 그 바람
이글거리는 저 해 지기 전에 만나고 싶다

큐티클(cuticle)

제 살 깎일까 쳐 놓은 철조망
물고기의 비늘이나 점액이 그것이고
짐승들의 가죽이나 털이 그러하며
개구리나 연약한 벌레들의 보호색이
또한 그것인데

사람의 보호막은 무엇이란 말인가
물리적 힘 아니니 지위와 권력인가
가까운 주먹이나 악질적 성품보다는
솜이불 위 날개 접고 앉은 병아리를
큰 닭으로 보고 있는 고양이의 마음은 아닐지

서서 보고 가렴아

지금 거기 어디냐
선 채로 돌아보고 네 모습을 보아라

배고픈 채 걷는 걸음
잘 가고 있는지

걷고 걷는 걸음마다 자갈돌 굴러들고
바윗돌 가로막아 잰걸음 되었는지

목적지가 어디며 얼마나 왔는지
앉아 보면 안 보이니 서서 보고 가렴아

헛되지 않는 땀이라지만

주름진 논둑 위에 첫 잎들이 눈 비빈다
죽은 듯 뻗쳐 두었던 매화나무 가지에 핏빛 돌고
듬성듬성 솟은 벙긋 꽃가지 사이
참새떼 날아 앉아 휘둥그레 눈 굴리며 눈치만 본다

실버카 앞세운 할미들의 행렬이 지난 한나절
마을 회관 주위로 모인 화물차 긴 열차 된다
길쭉길쭉 윤나는 '주끼니' 호박들의 밝은 미소가
보쌈 되어 송두리째 빈 논에 묻히고 있다

트랙터로 펼쳐 갈아 굴삭기로 매몰되는 모습
농민들의 애통한 눈물을 논바닥 깊숙이 심고 있다
열 오른 아스팔트를 얼굴에 바른 농민들의 한탄
초봄의 성근 머리에 서릿발 되어 솟구친다

툭툭이의 아우성

툭툭아~!

부모님이 정해 준 절친
지금껏 내 가슴속 깊이 묻혀
한마디 불평 없이 살아온 친구 툭툭이*
멍청한 나를 믿고 함께 살아온 지 얼마인지

같은 나이 이 세상 최고의 정 동갑 친구
널 위해 한 일은 정말 없구나
네가 배고픔을 알리지 않으면
밥도 먹을 줄 모르는 못난 친구를 용서해다오

괴로움과 외로움 달랜답시고
힘든 음식들 분별없이 들이켰던 멍청한 친구
그래도 말없이 받아넘긴 너의 진심을 모르고
인내심 깊은 너를 잠시나마 원망했던 내가
정말 부끄럽구나

*툭툭이: 심장

폭염

태양이 바짝 열을 올렸다
감기로 심한 오한이 났나 보다
떨리는 몸 가빠진 호흡
뜨거운 가마솥에 찜통까지 데우니
덩달아 핏대 올리는 말 없는 나그네
차디찬 물을 찾는다
냉수 바가지에 버들잎까지 그립다 한다

벌초

지겹게도 보아 온 찔레나무 어린 순
꽃 피면 미소 띠워 찾았던 그 시절
길가에 기어 사는 뱀딸기 따서 먹고
냇가 방천둑에 피어 있는 삐삐풀
어미젖은 달고 아비 젖은 씁고…

추억 속에 접었던 갖가지 난고들
가슴속 풍로로 불고 불어
토하고 또 토해도
예초기의 발악에 속절없이 짓눌려
이 아픈 가슴앓이 눈치채지 못하는 혈손들

녹초 된 벌초꾼들 풀가루 둘러쓴 채
예의 없이 올려놓은 조촐한 제물
과일 몇 개 술 한 잔에 넋두리 한아름
세상살이 쉴 의자 봉분가에 세워 둔 채
할 말 없는 못난 혈손 자리 뜹니다

꺼져가는 매력

말에 묻은 은근함과 글에 담긴 치자 꽃
행동의 반경 속에 솟구치는 열기

지켜 온 약속에 미소 담은 고고함
베풂과 배려에 무지개 피어나고

은하수 펼친 하늘에 꽃놀이 가니
노소불문 같이 놀자 손짓하고 뛰어드네

날 달 해 세월 가서 깊은 매력 져 갈 즈음
많고 많던 벌 나비 인기척도 멀어지네

정(情)의 신세계

눈물겹고 가슴 떨리도록 넘치던 정(情)
세월 속 눈비에 소리 없이 씻기고
가뭄에 말라버린 줄 알았던 가냘픈 사랑
안고 보니 낮에도 반짝이는
귀엽고 예쁜 손녀 '하늘별'이었구나

해 날 늘어 또 날아든 쌀강아지 두 놈
할미 할아비의 원기소!
손자 '일민'이랑 '우민'이
힘들다가도 돌아서면 또 그리는 정!
힘겨운 오늘도 힘 솟는 '원기소'가 그립고 그립구나

이것이 정(情)의 신세계인가?

살풀이

얽히고설킨 곳 단번에 풀고자
돋보기 쓰고 봐도 꽁꽁 묶인 옹고집
말(言)들 틈 없으니
무엇으로 어찌 풀지 걱정이 태산이네
잘 풀린 그날 오면 비단 색동 때때옷
그리고 그려가며 밤새워 지을 것을

숨과 기(氣)가 막힌 곳 곳
푼다고 풀었지만
어설프게 풀다가 여기저기 터지고
싱그러운 마음마저 다 터지고 말았으니
꿈에도 그리던 비단 치마저고리
살아나던 그 불씨 다시 꺼져 가는구나

- 남과 북, 북과 미 통 큰 협상을 그리던 날

짐인 듯 아닌 듯

걸음을 걸어도 걷는 것 같지 않고
멈춰 있어도 가는 듯하며
앉아 있어도 공중에 뜬 듯하나
제자리에 매여 있는 걸 보니
지금도 발목에 무거운 흙을 달고 있구나

바람이 불어도 먼지 되지 않고
소낙비를 맞아도 떨어지지 않는 흙이고 보니
곧 바위가 될 것인 듯
지나는 두꺼비 본 듯 만 듯 지나고
흐르는 빗물마저 돌아가
이제 흙 묻은 장화 그냥 벗고 갈라네

품 뒤에 등이 있으니

품안에는 사랑이 있었고
뒷짐진 팔 위에는 등이 있었네

돌담 기어가는 호박잎 땡볕에 풀이 죽어
어깨 늘어뜨리는 한낮

숲에도 계곡에도 강에도 바다에도 없는
답답한 맺힘이 등을 보게 하는구나

가까움에 멈이 있고 곁에 두니 그런 것을
당김에 욕심 두어 되돌아 터진 것을

그저 정(情)에 얽혀 진정(眞情)을 몰랐으니
이제 와 가다듬지 못함을 깨닫게 하는구나

해넘이

솟을 해 기대하며 맞이한 첫날 새벽
하늘 갈라 날아든 희망의 햇살
나날 건너 다달이 섞바뀌어 든 일들에
지우면 나타나고 또 지워도 나타난
알 수 없는 난제들
어두운 터널 속에 속절없이 갇혔구나

숨길 이유 없다고 그리 살면 안 된다고
별것 없는 사람살이 보일대로 다 보이고
어려운 이 세상 크고 작은 알거리
숨김없이 내어주고 거침없이 다 줄거라
애지중지 살았건만
해지는 이 마당엔 달조차 차갑구나

5

지금 거기 어디요?

그래도 거기 있네요

뛸 듯
날 듯
낮밤을 모르고 설치던 님
난잡한 후환을 소리 없이 둘러쓰고
거기 있네요

내가 아니면
누구도 안 된다던
기상 높은 님
누더기에 냄새나는 옷 둘러 입고
거기 있네요

그래도 아직 거기 곰팡이는 슬지 않았나 봐요

생일잔치

비행기가 옷을 갈아입었다
국경을 넘으니
어둠 속에 광대가 나타났다
화려한 색상의 자루 달린 긴 유리잔에
과일 주스가 춤을 춘다
케이크와 국수가 어깨동무를 하고 든다
회전 식탁에 불러 모인 축하 음식들
한껏 멋을 낸 채 주인을 기다린다
피로에 뭉치고 찌든 몸
손가락 춤꾼들이 풀어 올올이 헤쳐 던진다

찹쌀과 팥이 도망갔다
미역국도 따라갔다
조기는 명찰마저 잃어버렸다
청초한 나물들도 길을 잃었다
청수 그릇도 막걸리도 다 증발되었다
여러 식구
한자리에 앉았다
생일 축하 노래로 시작해 건배와 웃음으로
온 밤을 채운다
두 자식이 어렵게 만든 곱고 고마운 날이다

- 2018. 65회째 생일을 맞아

지금 거기 어디요?

봄 잎 피어날 즈음
시린 가슴 주고 간 님
연둣빛 사그라지기 전에는 반드시
지우려고 했던 그 이름이었건만
폭풍우 지나
짙은 초록 잎 갈가리 찢겨질 때까지
귀 아리게 울리던 목소리에 잠 못 이루고
찬 서리 달고 온 단풍잎 뒤를
한 잎 한 잎 뒤져봐도 그대는 보이지 않소
나 지금에야 당신의 뜻 알아
폭설 불러 찾아갈 테니 지금 거기 어디요?

우리 함께 걸어요

감긴 눈 떠 봐요
감긴 타래 풀어 봐요
긴 밤 눈곱에 겹겹이
앉은 먼지
양손 비벼 털어내요

우리 가야 할 길
곱씹어 새기고
그리도 먹고 싶은 달콤한 사과*
거기 가서 먹어요 미친 개 들기 전에
양손 잡고 먹어요

*사과: 평화

- 남북 정상회담을 보고

많이 아프냐?

일 많은 하루하루 찬바람 많이 씌워
몸살감기 들었더냐
괴질이 버릇없이 너 보고 친구하자 왔더냐
돈 안 되는 일이 너를 괴롭혔구나
억울한 누명 쓰고 기가 질려 아팠더냐
사기당해 무너진 맘 되돌리기 어렵더냐
잘못된 가르침에 얽힌 네 가족이 욕보였구나

사랑한 그 사람 떠나갔냐 보냈냐
떠난 맘 보낸 맘 뇌성(雷聲) 되어 내리쳐
많이도 놀랐구나
정말 아주 정말 힘들겠지만 두 눈 꼭 감고
뼈 자르고 생니 뽑는 아픔이 있을지라도
붙잡지 못할 그 사람 뇌리에서 내려라
다시는 깨어나지 못하도록

꼭 견디기 어려운 아픔이라면
더럽고 무거운 네 마음을
활활 타는 장작불에 깨끗이 태워보렴
새해 새날 새벽부터 파랑새 울고
새봄 새 꽃에 벌 나비 날아들며

바보처럼 순수한 새사람 될 테니
그때 새롭게 새로운 사람 찾고 만나 사렴아

산

큰 산 바짓가랑이 물고 늘어진
하고 많은 작은 산
줄기줄기 고물고물 정맥되어 흐른다
수없이 얽힌 문제와 걱정들의 나뭇가지
안개와 구름으로 가리고
공룡 발톱에 매니큐어 칠한 채
확 트인 들판으로 나선 육중한 나체
밀어올린 용기 파랗게 돋보인 핏줄
높은 꼭대기를 향해 기를 쓰고 달린다

눈동자의 끝은 휑한 땅끝
높디높은 그곳 머물 틈만 있을 뿐
그 누구도 살터도 살 수도 없다
욕심 많고 질투 심한 바람
그냥 두지 않으니
그래서 그를 태산이라 하는가 보다
산은 만 가지를 품을 수는 있어도
바다같이 모두 담을 수 없음이 다행이다
그래서 산은 하늘 아래 바다 위에 있는가 보다

방울새

춘하추동 가시 사이 들락거리며
발가락 감아 딛고 사는 방울새
너는 무섭지도 찔리지도 않느냐
가시덤불 골조 세워 만든 그 둥지
너에게는 편안한 안식처인가

찔레나무 사이사이 무리 지어 내는 소리
갖가지 잡음까지 덮고 살구나
탱자 가시 철조망 불안한 보금자리
여유롭게 사는 네가
가슴 좁은 인간보다 나은 듯하다

줄어드네

곤한 몸 못 이겨 소리 없이 자던 잠
무엇이 그리워 이리도 일찍 깨나
줄고 준 허벅지처럼 잠든 시간 줄어드니
통통하던 그 얼굴 그립기만 하구나

크다가 만 그 키가 무엇이 아쉬워
여섯 척을 못 채우고 멈춘 이유 무엇이냐
근육 줄어 힘 빠지니 들 힘조차 없어져서
무엇 하나 옮기려도 다칠까 두렵구나

생각 줄고 기억 주니 멍텅구리 다 되었고
만난 사람 이름 몰라 헛인사하고 마네
세월 따라오고 보니 곳도 벗도 줄어들고
힘도 꾀도 줄어드니 말수마저 없어 가네

이제 와서 생각하니 돈도 명도 쪼그라들어
고픈 지갑 멍든 생각 병마까지 불러들여
먹을 것 제한되고 씹고픈 것 못 씹고
오만 가지 줄어들어 남은 삶도 척간이네

말 타고 든 장가 염소 타고 소풍 갈까

흔적

고왔던 그 모습 사라진 지 오래지만
주고 간 그의 정 머리맡을 지키네
어디서 느낀 듯한 알 수 없는 눈웃음
수십 년 지난 세월 아직도 짓고 있네

그 흔적 지워질까 드는 잠 깨는 잠에
펴고 또 펴 봐도 더도 덜도 생기지 않는
하늘의 별 오늘 그 별 다시 볼까
밤 오기를 기다린다

척

아는 척 모르는 척
잘난 척 못난 척

있는 척 없는 척을
물 흐르듯 돌려가며

상대를 농락하고 희롱하여
짓누르고 올라서는 짓이나 형태가

명 붙이고 사는
인간의 본능은 아니기에

그 요망스러운 '척'은 첫돌 지난 첫해
보름날 달집 속에 깊이 넣어 태우게

탈피

지독하게 붙어 다니던 허욕의 시간들
켜켜이 쌓인 날이
덕지덕지 날이 되고 해가 된 세월
만삭이 되는 순간
그대의 영혼과 정신은 누구의 권유 없이
스스로 비게 되네

그리하여 일생 동안
그토록 무겁게 입고 다녔던
더러운 그 허물은 주검의 힘으로
이유도 모른 채 벗기게 되니
그제야 영원한 참모습인
본 나를 찾아 돌아가는 것을

- 2019. 1. 10

꼴 꼴 꼴

모이는 장터마다 화장발로 돌더니
귓바퀴 전전하다 수렁 찾아 들고말고

하고 짓는 짓들마다 어처구니 잃은 채
나라 안팎 견주다가 모진 꼴 보게 되고

보이는 말짓거리 모두가 빈 수레라
그 꼴 모두 보기 싫어 인공지능* 그리네

*인공지능: AI 로버트 인간

화장

예쁘고 보기 좋은 얼굴이 좋다
나의 존귀함을 남에게 보인다는 것
나도 좋고 남도 좋으니
어찌 이를 마다하랴

그 얼굴에 반하고
그 얼굴에 싫증 느끼니
두 얼굴 모두 한 얼굴이라
그냥 제 얼굴로 사는 삶이 어떠리오

풀결에 들면

풀결의 조용한 이야기는
정다운 마음이 담겨 있습니다
날마다 보아도 양팔 벌려 맞이하며
깊게 고개 숙입니다
거기에는 새벽에 옷을 벗은 잠자리도 있고
간밤에 사라진 하루살이도 있으며
은구슬 듬뿍 머금은
거미 운동장도 걸려 있습니다

언제 들러도 외면하지 않습니다
개구리랑 여치 귀뚜라미 차랑차랑한 음성의
방울벌레가 풀결 사랑방을 만들기도 하지요
꽉 막힌 감성이 그립거든
메인 가슴을 열고 오세요
님의 촉촉한 추억과 아름다운 미래를
그릴 수 있으리

간 날

"벌써?"란 말이
안 나올 수 없는 날이 왔다
12월!
추운 마지막 주다

삼백예순다섯 날
온 날을 뒤집어 본다
미친 것과 못 미친 것
목표가 달라 아예 안 미친 것도 있다

쓰디쓴 날들이 낳은 상처는
되레 감사와 고마움을 불렀고
이제 그날그날이 겹치고 겹쳐
두꺼운 망각 속의 책으로 엮어진다

곧 옛날이 되겠지
"그날이었노라" 하겠지
오늘 또 온 날
비록 추억 어린 날 있었을지라도

결코 금년 한 해는 간 날을 비춰보지 않으리

-2018. 12. 28

야생화*의 눈물

흔들리는 밤
눈물 안경을 쓴 채 달에게 매달린다
내일은 인기척이 있을까요?
내일은 비바람 치지 않을까요?
내일도 나를 밟고 지나는
검은 그림자는 없겠지요

이 꽃 지기 전에
꼭 그이를 보게 해 주세요
만약 그 님 볼 수 없다면
그가 신던 흙 묻은 양말이라도
보게 해 주세요
밤새도록 흐르는 이 눈물 마르기 전에

*야생화: 서민

멀어져 가는 생명

귀뚜라미 밭 가는 세상
욕심 없는 마음으로 홀로 걷고 있지만
인간의 존귀함을 모르고 살아가니
그들이 살고 있는 세상
진정 사람 사는 세상인가
만약 네가 그 부끄러움을 알고
그곳을 도망쳐 나오고 싶다면
네가 꿈꾸었던 아이 하나 낳아보지 않으련
귀하디 귀한 생명이 펼치는 새 세상
새로운 세상에서 길이길이 살도록

달달 볶은 달

오늘 그대 있음에

오늘 그대 있음에 숨을 쉽니다
어제의 아픔도 삭히고 웃습니다

오늘 그대 있음에 시를 씁니다
손주 자식 웃음으로 쓰고 있습니다

오늘 그대 있음에 손끝을 모읍니다
내일도 이러라고 소원하고 있습니다

오늘도 그대 있음에 꿈을 찾습니다
비린내 몰고 오는 파도를 지켜보며

오늘도 그대 있음에 소리쳐 봅니다
이 겨울 가고 나면 봄다운 봄 오라고

최고로 젊은 오늘!

당신은 무엇을 하시렵니까?
아직 못 찾았나요?
지금껏 무엇이 무엇인지 구분되지 않나요?
무엇이 맛있는지
무엇하고 싶은지
어떤 것이 의미 있는 일인지

아니!
급한 일과 중요한 일을 구분하지 못합니까?
그렇거든 차라리 혼자 멍때리고 있어 봐요
무겁고 외로운 밤
내일이 죽음을 앞둔 날이라 상상해 보세요
그러면 곧 알 수 있으니까요

정월은

새해의 얼굴이 빨리 보고파
어둠 속 찬 기운 헤치고 갑니다

새해의 새 말씀을 깊이 듣고파
목욕재계한 몸으로 귀 기울입니다

이루고 싶은 소원 금년에는 이루고파
다잡은 마음에 숨을 멈춰 봅니다

준비 없는 마음 일찍이 알아챈 님은
아무 말이 없습니다

네 뜻대로 살라고

이월은

화선지 펴 놓고
그리고 또 그린다

고치고 고친 그림
보고 또 보고

각도 없이 금 긋다가
색까지 덧입히네

온 가족 비단 옷감
패턴 떠서 갈라놓고

가봉할 날 받아 두고
복주머니 만드네

삼월이 바람났네

삼월이 바람났네 양지바른 산 속에서
감미로운 음성으로 진달래 꼬드겼네

아침 이불 개기 전에 세수도 하기 전에
이 산 저 산 숨어들며 둘이 안고 춤추네

몰래 보는 생강 꽃 얼굴 붉히고
새벽바람 맞고 나온 노루귀 눈을 감네

침상 위의 밥상

춘 3월의 꽃 기분도 길도 짧지 않은 해도
바쁜 일로 밀려나고
예쁜 낯 귀여운 낯 포근한 그 얼굴들
한마음 한 눈으로 침상 위에 다가오네

두릅 순 끊어다가 초장에 찍어 먹고
상추 깻잎 뜯어다가 생멸치 회 듬뿍 싸서
막걸리 한 사발 추억까지 말아드니
침상 위에 놓인 밥상 꿀잠 불러들이네

꿈결 같은 추억

아카시꽃과 하얀 눈꽃인 이팝꽃 흐드러지게 핀 국도를
시원하게 달린다
설레는 가슴 짓누르지 못해 음악 볼륨을 크게 높인다
흘러간 인기 팝송이다

눈으로 포식한 쌀밥!
꿈같이 달콤한 아카시꽃 향기에 취하고 싶은
참을 수 없는 욕구에 전화를 건다
그곳엔 중계소가 없는지 아무런 반응이 없는 스마트폰

아~ 건전지가 다 되었을까
아니면 전화 요금 내는 곳을 몰라 통화 중지 되었을까
아니야. 어제가 너무 피곤해 아직 잠자나 보다
구멍 속에 구멍이 메지 않아 이비인후과 병원 가는 길이다

아카시꽃 만발하면 진한 향기 나무 밑에
도란도란 둘러앉아
낚시 밑밥 치는 법을 토론했는데
지금은 불러도 올 이 없는 고요한 날

삼겹살과 참나무 숯덩이들이 화를 낸다

마음속에 깔아 놓은 멍석이 바람에 날리니
덩달아 소맥도 찌푸리고 큰 잔 작은 잔들
땡그랑거리며 목에 핏대를 올린다

길옆 공동묘지 할미꽃도 스쳐 지난 자리
까치 두 마리가 후손을 보려나 보다
그때 모였던 토론자들 떠난 사람 하나밖에 없는데
오늘! 왜 이렇게 허전한 날일꼬

혈압이 90/53으로 떨어진다

- 2020. 5. 7

대추나무 잎눈 트니

봄꽃 다 지나도 눈길 한번 주지 않고
어금니 꽉 다물고 꼿꼿이 섰더니
참새 새끼 부리 트고 모심는 것 보고서야
눈 틔어 잎사귀 피워 보는구나

청백리 도포자락 주름 펴려고
한여름 폭풍우에 벼락 맞고 서 있었냐
굽힘 없는 그 절개 오롯이 본받아
아름답고 풍요로운 새 세상 맞고 싶네

욕심쟁이 오월

쉬는 날이 너무 많아
쉴 여가가 없는 달

아이부터 어른까지
뜨거운 정을

물조리개로 골고루
뿌려야 하는 달

힘들어도 둘이 하나
부부의 날이 있어 미소 짓는다

유월이 오면

싱그럽고 단내 나는 노란 참외가
산비탈 밭이랑에 배 내놓고 누웠다
보리 주면 참외 주는 농막 아저씨
삼베 적삼 바지가 청바지로 변하고
세월 가니 농막도 화물차로 바뀌었네

보리 없어 못 사 먹을까 걱정도 되지만
추억 속의 종이봉투 어디로 사라지고
시커먼 비닐봉투 무심코 벌려 보니
니 맛 내 맛 다 떨어져
꿈같이 그리던 추억까지 먹혔구나!

논매기

세 벌 논매는 논에
버들잎 개우랑 개우랑
약오른 날 파리 떼
풀매는 장골 등을
항로 잃고 미친 듯
떼로 몰려 공격한다

양 손가락 거머쥔
잡초뿌리 덤불을
진흙 바닥 깊이 파서
묻고 묻어 나가니

가을 추수 부푼 꿈에
술주전자 아른거려
멀찌감치 눈에 든
새참 든 꼴머슴
단숨에 쫓아오길
침 넘기며 기다리네

달빛 꿰어 목에 걸고

실눈 뜬 초승달 붙잡을 곳 없더니만
고등어 살차듯 부풀어 오는 달
한더위 등목 시켜 뒤뜰에 매어 놓고
오고 가는 님의 걸음 달그림자 지울까 봐
살포시 비켜서서 안아 돌려세웠구나

달 찬 보름 되기 전 비단실 곱게 꼬아
수십 번 겹쳐 꼬고 수백 번 비벼 돌려
초승달 귀에 걸고 보름달 목에 걸어
풋사랑 품에 안고 익은 사랑 업고 걸려
그믐 오기 전에 임에게로 가고 파라

부푼 꿈 구월에

황갈색 무지개 나무마다 가지마다
피고 걸린 계절

마침내 어린 시절 그토록 꿈꾸던
뭉게구름 한아름 여기저기 피었으니

하염없이 볼 것 같은 벅찬 마음에
좁은 가슴 파도 되어 설레며 다가온다

봄부터 묻고 뽑고 쓰다듬던 손길이
무엇을 해야 할지 길 잃을 즈음

온몸 숙인 채 달고 있는 결실들
한 알 어김없이 튼실하게 익으면

찬바람 불기 전 몫몫이 나눠
소담스레 담고 묶어 띄워 보내리

풍요롭게 주고받은 깊었던 그 맘
촌치도 빠짐없이 안아 드리리

시월의 첫날 아침

창틀 레일 위 비스듬히 날아 앉은
참새 두 마리

봄부터 짹 짹 짹 먹이 달라 조르던
새끼 모두 보내고

부스스 윤기 잃은 깃털 곧게 세운 채
어인 일로 나란히 여기에 앉았는지?

한 세상 다 산 듯 홀로 앉은 초로(初老)
제 얼굴 본 것처럼 무릎 세워 마주하고

이보게!
너는 날 수 있잖아~

귀뚜라미 우는 소리 측은해지기 전에
시월의 마지막 밤 다가오기 전에

그리운 이에게 손 편지 쓰고
보고 싶은 님에게 사랑 노래 불러 주렴

노인의 시계

초저녁에 도는 초침 어깨동무 걸음이나
뒤에 도는 시침은 그리도 빨리 가냐

자정의 정거장에 가볍게 내려서서
시장기 앞세워 냄비 우동 한 그릇
급하게 들고 나니

게으름뱅이 새벽 시계 누구 만나 노는지
노닥노닥 손 흔들며 수다 떨고 있구나

그대, 많이 아파 어쩝니까?

오늘도 역시 아픈가요?
그래요
그동안 바쁘게 사느라 너무 많이 부렸네요
앞뒤 안 가리고 몸 버리고 정신 빼고
험하게도 살았군요

여기는 당신의 충전소*!

이왕 여기 오신 김에 쉬었다 가세요
이왕 여기 맡긴 김에 수리해 가세요
일할 힘이 모자라면 충전해 가세요
하얀 가운 입은 님 믿음직하잖아요
밤잠 없이 드나드는 미소 천사 있잖아요

아프고 힘든 나날 지겹다 생각 말고
오늘을 묻어 두고 밝은 내일 그린다면
슬픈 가슴 도려내고 아린 한(恨) 긁어내어
그 어떤 아픔도 참고 견뎌 내십시오
이왕 여기 오신 김에 제 모습 찾으세요

*충전소: 병원

달달 볶은 달

지금껏 달려온 길 해 달 풀어 열어 보니
차갑게 얼었던 달 때 되니 풀어지고
흘러갈 물 막힌 물목 헐어내니 흐르는데
사방에서 부는 바람(希望) 방향마다 부딪히니
무슨 문제 못 풀어서 이다지도 어려운고?

정월부터 선달까지 나날이 훑어 봐도
원인 모를 매듭들이 줄줄이 엮인 터라
하늘에 물어보고 터 땅에 알아
봐도
아는 이 찾지 못해 해지고 달지는 날
강 바다에 띄워 봐도 알 길 없어 숨 막히네

하영갑 시집
그대 머문 그곳에

2020년 7월 20일 초판 인쇄
2020년 7월 25일 초판 발행

지은이 / 하영갑
발행인 / 강병욱

발행처 / 도서출판 교음사

03147 서울 종로구 삼일대로 457 수운회관 1308호
Tel (02) 737-7081, 739-7879(Fax)
e-mail / gyoeum@daum.net
등록 / 제 2007-000052호

* 잘못된 책은 바꾸어 드립니다. 값 10,000 원

ISBN 978-89-7814-781-1 03810

이 도서의 국립중앙도서관 출판예정도서목록(CIP)은 서지정보유통지원시스템 홈페이지
(http://seoji.nl.go.kr)와 국가자료공동목록시스템(http://www.nl.go.kr/kolisnet)에서
이용하실 수 있습니다. (CIP제어번호 : CIP2020029703)

- 이 도서는 한국예술인복지재단의 창작준비금을 지원받아 제작되었습니다.